# SILHOUETTES ARTISTIQUES

# ÉMILE MATHIEU

### ÉTUDE BIOGRAPHIQUE

PAR

## Alfred DURANCY

PREMIÈRE ÉDITION

## PARIS

IMPRIMERIE LEFEBVRE, PASSAGE DU CAIRE, 87-89 et 78

1874

# ÉMILE MATHIEU

## ÉTUDE BIOGRAPHIQUE

PAR

## Alfred DURANCY

PREMIÈRE ÉDITION

## PARIS

IMPRIMERIE LEFEBVRE, PASSAGE DU CAIRE, 87-89 et 75

1874

# ÉMILE MATHIEU

ÉTUDE BIOGRAPHIQUE

PAR

## Alfred DURANCY

Nous commençons aujourd'hui, sous le titre de « *Silhouettes artistiques*, » une série de biographies des principaux artistes de nos cafés-concerts, ces établissements qui, si conspués à leur apparition par la foule des jaloux, des niais et des timorés, ont enfin conquis droit de cité dans la France entière.

Le personnel artistique de plusieurs de ces établissements lyriques est composé de manière à faire envie à bien des théâtres. Dans cette pépinière artistique, nous avons choisi, comme sujet de notre première étude, un des talents les plus sympathiques parmi les plus remarquables : Emile Mathieu.

Il n'est personne à Paris qui ne connaisse Mathieu. Peu de scènes parisiennes lui sont étrangères, et ses succès ne se comptent plus, soit sur la scène des différents cafés-concerts, soit sur les différents théâtres parisiens où il fut souvent appelé pour prêter son concours à des bénéfices d'artistes, ou à des représentations au bénéfice des pauvres. Dans toutes ces occasions, il sut constamment se faire remarquer et applaudir, et, sans envisager ici l'estime toute particulière et bien méritée que nous professons pour l'homme, la place d'honneur, dans notre galerie, lui revenait et par droit d'ancienneté et par droit de mérite.

Puisse le nom de l'excellent comique nous porter bonheur, et nous servir de sauvegarde auprès du lecteur.

Diderot, en prétendant que tout homme était propre à tout, et que toute occupation était propre à chaque homme, niait tout simplement les aptitudes spéciales et la vocation.

Il n'est pas, je crois, besoin de se fatiguer à prouver l'énormité d'une semblable proposition. En effet, il est difficile de croire que César ou Alexandre eussent pu faire de bons apothicaires; Buffon, un parfait mercier; Napoléon, un excellent poseur de robinets ; et le paradoxal Diderot lui même se serait certainement fâché tout rouge, si quelqu'un lui eût dit qu'il était aussi propre à tourner des bâtons de chaise, qu'à écrire « *le Fils naturel* » et « *le Neveu de Rameau.* »

Notre avis est que chacun ici-bas a des aptitudes particulières et distinctes, et que si ces aptitudes ne sont pas absolues, au point de rendre l'homme totalement impropre à toute autre profession que celle vers laquelle elles le portent instinctivement, on ne peut prédire qu'échecs et malheurs à celui qui est jeté hors sa voie. Jamais on ne nous convaincra que Raphaël eût fait indifféremment un peintre ou un cordonnier, et l'on pourrait compter le nombre des vocations manquées, par celui des dévoyés et des déclassés qui croupissent misérablement dans des métiers qui n'étaient point faits pour eux, ou pour lesquels ils n'étaient point faits.

Certes, si Mathieu n'eût pas fait du théâtre, il eût fait autre chose. Mais le théâtre l'attirait invinciblement, et il y a réussi, parce qu'il y était dans son élément.

Il excelle dans cet art auquel sa nature le destinait; il eût probablement, en dépit et peut-être à cause de la nature de son intelligence, été maladroit ouvrier ou commerçant détestable.

Mathieu, né en Normandie, fut baptisé à Paris, à l'église Saint-Sulpice, quelques heures après sa naissance. C'est assez dire qu'il est presque Parisien, quoique Normand. La légende prétend même que sans un retard dans les relais, dû à la négligence d'un maître de poste, il l'était tout à fait. A quoi tiennent les événements ici-bas!

Quoi qu'il en soit, si Mathieu n'est qu'à demi-Parisien par sa naissance, il l'est complétement par son esprit.

Fils d'un restaurateur de la rue Montmartre, il resta en pension jusqu'à quatorze ans, et remporta annuellement les plus beaux prix d'écriture..... et de déclamation. A huit ans, il charmait l'auditoire de la pension Alphonse Turc, à Sarcelles, par l'interprétation de la *Mort de Jeanne d'Arc*, un monologue en vers de Casimir Delavigne, aussi peu comique que possible, et qu'il déclamait avec des larmes dans la voix, bien loin alors de se douter que le genre opposé servirait un jour de base à sa réputation.

A quinze ans, il entra, en qualité d'expéditionnaire, dans l'étude de Mᵉ Linard, notaire, rue St-Honoré. Mais un vilain jour, son patron, apprenant qu'il avait chanté au Concert Vivienne (aujourd'hui Frascati), lui exprima tout le plaisir qu'il éprouverait en le voyant s'occuper plus sérieusement des contrats et des ventes.

Mathieu répliqua par un couplet de facture sur l'air de : « *J'en guette un petit de mon âge,* » et fit noblement demi-tour.

Son père le plaça alors chez un entrepreneur de maçonnerie où il fit encore un court séjour, parce que son nouveau patron, aussi peu artiste que le premier, trouvait mauvais qu'il s'occupât beaucoup plus des rôles qu'il jouait à la salle Chantereine, dans des parties dramatiques, que du relevé des cotes qu'il devait prendre dans le bâtiment.

C'était absurde ! Mais, vous savez, les patrons !

De là, il entra chez un architecte où il fit de sérieuses études. Il devint en peu de temps très-habile comme dessinateur, et nul doute qu'il se fût distingué dans cette profession, si le goût et l'amour du théâtre lui avaient laissé l'esprit assez tranquille pour l'approfondir. Mais le vaudeville et la chansonnette avaient pour lui des attraits tels, qu'ils le laissaient indifférent à toute autre chose. Aussi, son père, impatienté, finit-il par lui donner à choisir entre l'architecture sans théâtre, ou le métier de soldat. Mathieu allait avoir vingt ans : il attendit pour faire son choix que le sort ait prononcé.

Il tira à la conscription le numéro 105, et répondit, effrayé des perspectives que l'architecture lui laissait entrevoir : « Je serai soldat ! »

Quelques jours après, le sac sur le dos et la canne à la main, Mathieu partit pour rejoindre son régiment qui tenait garnison à Narbonne. De Paris à Narbonne, il y a deux cent vingt lieues qu'il franchit à pied. Il fit en trente-quatre jours ce voyage, rendu plus pénible encore par le manque d'argent ; car son père, pour lui donner une leçon, ne lui avait que fort médiocrement graissé la sacoche. Il n'en arriva pas moins à Narbonne plein de santé et de belle humeur, riche de mille souvenirs anecdotiques qui ne sauraient malheureusement trouver place ici, et au charmant intérêt desquels il nous a fait plus d'une fois prendre part, nous les racontant avec cette verve et cette drôlerie dont il a le secret.

Il prit bravement son parti de son nouveau métier. Possesseur d'un répertoire déjà varié, il fut de suite l'enfant chéri de la chambrée, qu'il charmait par ses chansonnettes et le récit de ses impressions de voyage, C'était, paraît-il, plaisir de voir tous ces braves garçons, ses camarades, ouvrir de grands yeux et se tordre de rire aux gais refrains et aux désopilants monologues du soldat-artiste ; aussi la discipline se relâcha-t-elle pour lui de ses déplaisantes rigueurs. Les sous-officiers, qui avaient fait de Mathieu leur ami et leur compagnon, parlèrent de lui aux officiers, qui le trouvèrent charmant, et en parlèrent à leur tour au colonel qui, enchanté, le recommanda au préfet, lequel, après avoir jugé de son mérite, crut devoir l'inviter à toutes ses fêtes, officielles ou non.

Et voilà ce que c'est que le talent ! et comment Mathieu, simple guerrier, devint l'enfant gâté et l'artiste chéri de l'aristocratie narbonnaise.

Et ce ne fut pas là le seul honneur qui lui fût réservé !

Il avait obtenu de son colonel l'autorisation de jouer au théâtre de la ville. Or, un soir, dans une représentation au bénéfice des pauvres, il joua d'une façon si parfaite un rôle de Vernet, dans « *Ma Femme et mon Parapluie,* » qu'il reçut le lendemain, en récompense, les galons de caporal.

Il n'en fut pas plus fier pour cela, tant il est vrai que la modestie est la vertu des belles âmes.

Mandé, quelque temps après, par dépêche télégraphique, auprès du colonel Bosquet, il dut se rendre à Orléansville (Afrique) pour jouer la comédie au théâtre militaire, auquel sa présence contribua beaucoup à donner un lustre... inaccoutumé. Son plus grand succès fut celui qu'il remporta, — le croirait-on ? — dans le rôle de la mère Meunier, du « *Gamin de Paris.* » Son colonel, voulant alors lui donner une preuve d'estime et d'affection, l'attacha à l'état-major comme secrétaire particulier.

Mathieu connut donc au régiment le cumul des fonctions et l'abondance des richesses. En effet, il touchait : 60 c. par jour comme secrétaire, 25 c. comme caporal, plus 15 c. comme régisseur, et 10 c. comme artiste des théâtres militaires; total : 1 fr. 10 par jour! Le Pactole pour un soldat!

Le colonel Bosquet, devenu général, le recommanda à son successeur, le colonel Jolivet, et ce dernier, mis à la retraite sur sa demande, le présenta au colonel de Martimprey, aujourd'hui général et gouverneur des Invalides.

Mais, un matin, le régiment reçut l'ordre de quitter Orléansville pour Alger. Ce fut un coup de foudre pour notre ami! Il dut suivre son régiment, pleurant son cher théâtre, la liberté et les succès qu'il lui valait! Encore une fois, il lui fallait renoncer à l'art, aux applaudissements, si doux au cœur du véritable artiste!

Heureusement, voici ce qui arriva; cela tient du roman, et c'est tout simplement de l'histoire :

Un soir, et sans en avoir au préalable demandé l'autorisation, il chanta au *Café de la Perle,* situé place du Gouvernement. Son succès y fut des plus vifs : si vif, que le directeur, frappé de la verve et de l'entrain du *petit caporal,* comme on l'appelait alors, lui proposa d'enthousiasme de le faire remplacer. Avec quelle reconnaissance Mathieu accepta cette offre aussi intelligente que généreuse, cela ne se décrit pas. Il avait alors trois années de service.

Et voilà comment le *petit caporal* du 16e de ligne devint le Levassor de la capitale africaine, où il séjourna deux ans, et où il n'est pas oublié.

Au bout de ce temps, un engagement l'appelant à Oran, Mathieu se rendit auprès du préfet, qui était un homme essentiellement parisien, M. Lautour-Mézeray, pour lui demander un *passez* gratuit.

— Comment, lui dit le préfet, vous voulez quitter Alger, et vous voulez que ce soit moi qui favorise votre départ? Mais vous voulez donc, M. Mathieu, qu'on vienne briser demain les vitres de la préfecture?

L'artiste, un moment interdit par cette réponse, fut bientôt rassuré.

— M. Mathieu, reprit le préfet, il paraît que vous avez un grand mérite; je n'ai pu encore en juger par moi-même, et bon nombre de mes amis sont dans le même cas. Je m'engage à vous faire faire votre traversée le plus agréablement possible, mais à la condition que vous vous ferez entendre demain au théâtre pour le bénéfice de Ravel. Est-ce entendu?

— De grand cœur! répondit Mathieu.

Son succès, le lendemain, fut charmant et complet avec une chansonnette ayant pour titre « *Mon p'tit Père.* » Et, deux jours plus tard, muni du *passez* qu'il avait sollicité, et jouissant de mille faveurs dues à la haute protection du bienveillant préfet d'Alger, il s'embarquait sur *le Titan*, navire qui faisait voile pour Oran.

Oran, Toulon, Marseille, Lyon, furent les premières grandes villes où Mathieu se fit applaudir à la suite d'engagements réguliers. Un peu fatigué de la province, il partit, au bout d'un certain temps, pour Paris, fit un court séjour au Café des Ambassadeurs et au Grand Café de France, et débuta aux Folies-Nouvelles, alors dirigées par M. Louis Huart.

Il y séjourna dix-huit mois, au bout desquels il résilia pour faire l'ouverture de l'Eldorado. Son succès, dans ce concert modèle, fut éclatant. Une chansonnette surtout le plaça au premier rang : c'est le « *Conscrit du Calvados,* » qu'il chanta *cent quatre fois* sans interruption.

Nous allions oublier de mentionner, pendant son passage aux Folies-Nouvelles, le bruit qu'il fit dans une parodie de la « *Reine Topaze,* » et qui lui valut, dans un journal critique de l'époque, un article élogieux, dont l'auteur déclarait que « *M. Mathieu avait su créer là un chef-d'œuvre d'excentricité.* »

De l'Eldorado, où il fit les six mois de la saison d'hiver, il entra au Pavillon de l'Horloge, aux Champs-Élysées ; puis passa à l'Alcazar, et ensuite aux Ambassadeurs. Il fit, pendant neuf années consécutives, la campagne d'été dans ces différents concerts. C'est aux Champs-Élysées qu'il créa une extravagante bouffonnerie dont il est l'auteur : « *Blagados et Bétinet* », dans laquelle, sous le carrik légendaire d'Odry, il débitait, avec cette assurance et ce sang-froid qui lui sont propres, les boniments les plus insensés et les calembours les plus fantastiques.

Ce n'est pas exagérer de dire que tout Paris l'applaudit dans cette abracadabrante fantaisie.

C'est, d'ailleurs, à partir de ce moment (1863) que sa réputation fut consacrée.

On se fera une idée exacte de l'empire qu'il avait déjà conquis sur le public, par ce fait que ce public, si inconstant et d'habitude si ami du changement, lui accordait, au bout de neuf années de présence sur les mêmes scènes, les mêmes applaudissements que si son passage y avait daté de la veille.

C'est à cette époque qu'il publia une brochure, tirée à 10,000 exemplaires, et depuis longtemps épuisée, ayant pour titre : « *Les Cafés-Concerts*, » brochure remplie des plus judicieuses observations, pleine de renseignements qui, aujourd'hui encore, peuvent être consultés avec profit, et écrite d'une manière très-pittoresque et d'un style empreint de facilité et de bonne humeur.

Voici un passage qui donnera au lecteur une idée du ton général de l'ouvrage. C'est pris sur nature :

« Le café du Cadran est situé rue Montmartre, au coin de la rue Saint-Sauveur. M. Hardy, qui en est le propriétaire-directeur, est un petit homme maigre, sans prétention ; il fait faire de la musique dans sa petite boîte : ça l'amuse ; il rit au comique, il a la chair de poule à la voix de son baryton, frissonne à sa forte chanteuse ; il jubile aux propos égrillards de sa chanteuse comique ; en un mot, il passe de délicieuses soirées chez lui. C'est tout ce qu'il demande, en attendant que la Ville de Paris le démolisse pour le mettre à l'alignement. »

Ailleurs, il dit, en parlant du café Moka, qui était situé rue de la Lune : « *C'est pourquoi il a été appelé à changer de quartier.* »

L'ouvrage, rempli d'aperçus ingénieux, se termine par une page émue consacrée à la mémoire d'une bonne camarade frappée par une mort précoce, M^lle Henriette Bonnard. L'excellent cœur de l'artiste bat tout entier dans ces lignes, que nous croyons devoir reproduire ici :

« Je termine en consacrant quelques lignes au « souvenir de notre excellente amie Henriette « Bonnard, que la mort a frappée dans la fleur « de l'âge et du talent. A tous ceux qui l'ont « connue, il est superflu de vanter les mille qua- « lités de cette aimable artiste, mais pour ceux « qui ne la verront jamais, je ne crains pas de le « dire : Henriette était la perle de notre petite « famille, réunissant les qualités qui distinguent « et la femme et l'artiste : jolie, modeste, bonne « autant qu'on peut l'être ; gaie et souriante mal- « gré la souffrance ; consciencieuse, tendant tou- « jours la main aux artistes malheureux. Elle « nous fut ravie en quelques heures : il n'est pas « de jour où son nom ne soit sur toutes les « lèvres.

« Henriette n'avait pas un ennemi. C'est pour- « quoi son souvenir restera gravé dans le cœur de « tous ceux qui ont eu le bonheur de la connaître « et de l'apprécier. »

Les théâtres et concerts de Bruxelles, La

Haye, Bordeaux, Marseille, Lyon, Angers, Or-
léans, Le Havre, Rouen, etc., ont applaudi Mathieu, et de toutes ces villes il a rapporté les
témoignages d'estime les plus flatteurs pour son
talent et son caractère.

Avant d'aller plus loin, et comme preuve de
l'impartialité et de la bonne foi que nous appor-
tons dans cette étude, donnons au lecteur l'opinion de quelques directeurs et de quelques cri-
tiques sur Mathieu :

« Si vous voulez rire, allez entendre M. Ma-
« thieu. Je ne sais rien de plus désopilant, de plus
« fantaisiste et de plus fantasque que ce joyeux
« compère ; je voudrais pouvoir répéter ses laz-
« zis, imiter ses facétieuses intonations, les réti-
« cences comiques de son débit : figurez-vous
« Dupuis, Potier et Brasseur mêlés ensemble ;
« M. Mathieu est le roi de la gaudriole ! Après
« lui, il faut tirer l'échelle... » *(Le Sport.)*

M. Mahiet de la Chesneraye, auteur distingué,
écrit à Mathieu, en lui envoyant sa « *Parodie
sur le Voyage aérien de Nadaud* » :

« A vous, mon cher Mathieu, le droit de créa-
« tion de cette parodie, et je ne doute pas qu'avec
« votre talent, si sympathico-comique, vous ne
« fassiez un chef-d'œuvre d'une idée qui m'est
« venue dans un moment d'aberration d'es-
« prit. »

Hervé, pendant son séjour à Nice, lui adresse
la lettre suivante :

« Mon cher Mathieu,

« Votre lettre m'arrive bien tard dans le
« Midi, parce que, voyageant, elle m'a cherché.
« Quand je serai de retour à Paris et que je
« monterai un ouvrage, je ne manquerai pas de
« vous proposer à un directeur pour que vous y
« créiez un rôle. Vous savez déjà combien j'ap-
« précie votre talent ; il ne faut qu'une occasion
« pour que j'aie l'avantage de le mettre en re-
« lief.

« Tout à vous,

« HERVÉ. »

Nous trouvons, dans plusieurs lettres à lui
adressées par le charmant et fécond vaudevil-
liste Clairville, bien des choses aussi flatteuses
que justes. Dans l'une d'elles, entre autres, il
est dit : « Comment se fait-il, mon cher M. Mathieu, que vous ne soyez pas aux Variétés ou au
Palais-Royal ? C'est ce que je me suis demandé
chaque fois que j'ai eu le plaisir de vous entendre. »

Couder, l'excellent artiste de l'Opéra-Comique,
un soir, après avoir entendu Mathieu, vint à lui,
et lui serrant la main avec effusion : « Mon cher
monsieur, lui dit-il, recevez mes bien sincères
compliments. Vous m'avez étonné. »

Mathieu, confus d'un semblable éloge de la

part du célèbre artiste, lui répondit avec émotion :

— Monsieur, de tous les éloges que j'ai pu recueillir dans ma vie, ceux que je reçois de vous sont incontestablement les plus flatteurs. Emanant d'un artiste tel que vous, ils n'ont pas de prix pour celui auquel ils s'adressent.

Dans un article sous forme de lettre, adressé à M^{lle} Zulma Bouffar, et qui parut dans *la France artistique*, notre artiste se peint tout entier, avec tout son esprit, toute sa bonhomie et toute son âme.

L'article débutait ainsi :


### A MADEMOISELLE ZULMA BOUFFAR.

« En vous adressant cette lettre, je suis tenté
« de vous tutoyer, mais comptant sur mes doigts,
« je m'aperçois que vous êtes une jeune femme,
« non plus une enfant, et que je dois vous parler
« avec le respect dû à votre sexe et à votre
« âge. »

Mathieu rappelle ensuite à Zulma Bouffar qu'il eut autrefois le bonheur de lui être utile en lui procurant un engagement au concert des Ambassadeurs. Mais la petite Zulma Bouffar n'avait à cette époque qu'une douzaine d'années. Ecoutons de nouveau Mathieu :

« A la suite d'une ordonnance de police qui in-
« terdisait aux enfants de paraître sur la scène,
« votre père, trop âgé pour exercer sa profession

« de chanteur comique, et n'ayant que vous pour
« soutien, se trouva dans un grand embarras. Je
« partis pour Bruxelles, et en quarante-huit heu-
« res j'avais un engagement pour vous au Casino
« Belge. Vous complétiez alors cet adorable cou-
« ple qui avait nom : Zulma Bouffar et Marie
« Cico. (Vingt-deux ans à vous deux !) »

Et plus loin :

« Elle est aujourd'hui à l'Opéra-Comique, et
« vous au Palais-Royal. Bravo ! chères enfants !
« Prouvez toutes deux, une fois de plus, que le
« Café-Concert est bon à quelque chose. »

Dans cette longue lettre, Mathieu rappelle
aussi à Zulma Bouffar la rencontre qu'il fit d'elle
à La Haye, dans un Café-Concert :

« Les chansons tyroliennes étaient surtout ad-
« mirablement exécutées. L'artiste qui les chan-
« tait vînt faire la quête..... Je reconnus ma pe-
« tite Zulma, qui avait grandi et qui était deve-
« nue une chanteuse accomplie.

« Heureux les artistes qui, comme vous, peu-
« vent voir leur talent naturel se former et gran-
« dir au milieu des plus douloureuses émotions du
« cœur, et en dépit des intrigues qui, trop sou-
« vent, servent de base à la fortune artistique !...»

Mathieu, dans sa modestie, nous en voudra peut-
être de ces quelques coupures faites dans sa prose
généreuse. Qu'il n'en accuse que son cœur et la
« *France artistique.* »

C'est encore son bon cœur qui va nous fournir la matière d'une petite histoire :

« Un jour, un monsieur se promenant dans le jardin du Palais-Royal, remarqua une femme dont l'aspect misérable l'émut. Il allait l'interroger, quand la pauvre femme s'affaissa en murmurant d'une voix éteinte : J'ai faim! Le monsieur la reçut à temps dans ses bras, ôta son chapeau, dans lequel il vida son porte-monnaie, et, le présentant à la foule qu'avait attirée l'incident, fit, en quelque minutes, une ample moisson qu'il versa dans le tablier de la malheureuse, puis s'enfuit pour échapper aux louanges de l'une et aux remercîments de l'autre.

« En se sauvant, ce monsieur croyait sans doute ensevelir dans le secret son acte de bienfaisance ; mais un journaliste, rédacteur de l'*Opinion nationale*, témoin du fait et qui connaissait l'auteur de cette généreuse action, livra au public, le lendemain, un article dont voici la conclusion :

« Quelques secondes après cet incident, on cau-
« sait encore, dans le grouge de personnes, de
« cet acte de générosité accompli avec tant de mo-
« destie, et chacun regrettait de ne pas connaître
« le nom d'un si honnête garçon, lorsque quel-
« qu'un, qui se trouvait là, dit :

« Vous ne savez pas quel est ce monsieur ? C'est
« M. Mathieu, chanteur comique du Casino fran-
« çais du Palais-Royal. »

Assez sur de tels sujets, la place nous manquerait bientôt.

Mathieu fut, pendant les temps difficiles du

siége et de la Commune, régisseur du Grand-Concert parisien, et sut toujours concilier les exigences d'un public énervé par la situation et celles nécessitées par le concours d'artistes de nos théâtres et de nos concerts qui, profitant de l'accueil hospitalier que leur faisait la direction de cet établissement, y venaient jouer et chanter pour toucher un modeste salaire, qui les aidait à supporter la vie, si pénible à cette époque néfaste. Le nombre en fut grand, et Mathieu sut acquérir l'estime et l'amitié de tous par l'affectuosité et la bienveillance de ses procédés.

C'est lui qui fut le créateur de l'opérette à deux personnages au café-concert. Citons : « *la Fille de l'Epicier,* » « *Un Bal à la Sous-Préfecture,* » « *Un Coup de Picton,* » « *Turlurette,* » « *les Deux Scélérats,* » « *Blagados et Bétinet,* » et tant d'autres dont le nom nous échappe.

Il créa aussi un grand nombre de chansonnettes. Ses plus grands succès en ce genre sont : « *le Conscrit du Calvados,* » « *le Ténor léger,* » « *Conseils à ma Fille,* » « *la Reine Tapage,* » « *Pitié pour ma Binette,* » « *Un Monsieur timide,* » « *le Baptême du P'tit Ebéniste,* » « *N' vous estimez pas tant,* » « *le Cabinet Littéraire,* » « *les Mémoires de M. Benoît,* » et tout récemment, un monologue dont il est l'auteur et l'interprète, et qui a pour titre : « *Dans la Rue.* »

Le talent de Mathieu a cela de particulier, que l'imprévu y tient une large place. Nous l'avons entendu et vu cent fois dans les mêmes pièces et les mêmes chansonnettes : le type, consciencieusement cherché, est bien toujours le même, mais le côté primesautier de son talent lui fait rencontrer à chaque fois quelque effet nouveau. Il a une manière à lui de faire passer les énormités et les choses un peu risquées que nul ne peut imiter, tant l'originalité en est surprenante. Comme comédien, il a l'imagination vive et l'improvisation facile. Un monologue de cinq lignes en prend quarante sous l'impulsion de son inconcevable fantaisie. S'il oubliait son rôle, il le jouerait tout de même, en créant, d'improvisation, un personnage de son invention.

Seules, et en dépit des dispositions naturelles, les années d'expérience, d'études et d'observations peuvent amener des résultats artistiques aussi complets.

Il faut le voir aujourd'hui dans « *Voiture à vendre,* » « *l'Homme n'est pas parfait,* » « *Une Nuit à Bougival,* » « *la Vénus à la Fraise,* » « *la Pièce impossible,* » « *Il est de la police,* » « *les Deux Sourds,* » « *les Trois Gobe-Mouches.* » Tous ses rôles sont marqués de son cachet. Il ne copie personne, car il a toujours le mérite d'être *lui*, et personne ne s'en plaint.

La souplesse du talent de Mathieu est tout entière dans un aveu qu'il nous fit : d'avoir chanté le même jour, à midi, à une distribution de prix; à sept heures du soir, au Collége des Jésuites de la rue des Postes; à neuf heures, à Bataclan, et à minuit, à une soirée de garçon. Il va sans dire que le programme était partout différent, ce qui augmentait singulièrement la difficulté de la tâche, dont il s'acquitta avec honneur.

« *Je suis,* » nous écrivait l'autre jour Mathieu

dans une lettre charmante, « *dans la vingtième année de ma carrière artistique.* » En effet, il fut l'ami et le protecteur d'une enfant qui est aujourd'hui Zulma Bouffar ; il apprit à diré la romance à M^{lle} Léonie, aujourd'hui M^{me} Agar ; il fit répéter M^{lle} Cico, alors toute jeune fille, et c'est lui qui fit dire, pour la première fois, du dialogue en scène à M^{lle} Aimée, une charmante artiste, aujourd'hui directrice d'un théâtre à New-York.

Il fut un des premiers à prévoir l'avenir qui attendait une délicieuse petite fille, à laquelle il s'amusait souvent à faire jouer la comédie sur une table ; cette petite fille est aujourd'hui célèbre sous le nom de Théo.

Son expérience de la scène et sa connaissance approfondie des choses du théâtre, lui donnent une incontestable autorité sur la plupart de ses camarades de coulisses. Il est prodigue envers eux de bons conseils et d'avis désintéressés. Tous se plaisent à reconnaître en lui un artiste des plus modestes en même temps que des plus méritants, et auquel toute morgue est étrangère.

En s'en rapportant à ce court exposé, on pourrait croire que l'existence de Mathieu, si riche en succès, n'a été qu'un tissu de félicités. Il n'en est rien. Mais nous ne voulons pas faire ici la part des difficultés sans nombre qui viennent sans cesse jeter le trouble dans l'esprit de celui qui veut persévérer et lutter à outrance contre les amertumes de la vie et de l'art. Aucun chemin, plus que celui du théâtre, n'est semé d'écueils et d'aspérités. Il faut une volonté bien ferme et une abnégation bien grande pour parvenir à s'y faire sa place. Interrogez Mathieu, il vous dira que la vie d'un homme ne suffit pas pour devenir un comédien irréprochable.

Nous venons de retracer rapidement, et d'une manière très-restreinte, une carrière artistique des mieux remplies, et nous avons donné libre cours à la sympathie qu'a su faire naître en nous celui auquel nous avons dû et voulu donner la première place dans nos *Silhouettes*, afin de rendre à un véritable artiste et au meilleur des hommes un légitime hommage.

Et si l'on nous demande pourquoi nous avons choisi ce moment, nous répondrons que c'est parce que Mathieu vient d'être frappé, tout récemment, d'un irréparable malheur. Sa fille, qui allait avoir dix-huit ans, et qu'il venait de présenter au Conservatoire pour l'y faire suivre le cours de comédie, si puissamment dirigé par Régnier, de la *Comédie-Française*, vient de succomber aux suites d'une implacable maladie, que les efforts de la science médicale et les plus tendres soins de l'affection paternelle, n'ont, hélas ! pu vaincre.

Voilà le pauvre artiste, seul dans sa maison, et privé des douces joies qui faisaient le plus grand charme de sa vie !

Il est bon qu'en ce moment cruel une voix amie lui prouve que, hors de son logis, il n'est plus seul, et que des sympathies particulières lui sont acquises dans le nombre des sympathies générales qu'il a su se concilier.

Un dernier mot :

L'Opéra, l'Opéra-Comique, les théâtres de drame, les Bouffes, ont souvent recruté leurs meilleurs sujets dans les cafés-concerts. La place de Mathieu est marquée depuis longtemps au Palais-Royal ou aux Variétés. Sa bonhomie, la finesse de son jeu, son parfait naturel, son comique si franc et si communicatif, lui garantissent le succès le plus complet le jour où il montera sur une de ces scènes.

Pourquoi Mathieu n'est-il pas depuis longtemps déjà où sa place est marquée ?

C'est ce que nous ne pouvons comprendre, et ce que, par conséquent, nous ne nous chargeons pas d'expliquer !

Paris-Imp. LEFEBVRE, Pass. du Caire, 87-89.

128